LA MORT DE SOCRATE

SCÈNE PREMIÈRE

GASTON, RIGOLETTE. Ils sont à table.

ENSEMBLE, trinquant et frappant leurs verres.
Ding! ding! Buvons encore!
Ding! ding! Buvons toujours
Buvons, jusqu'à l'aurore.
A nos vieilles amours!

GASTON, levant son verre.
Au passé que j'immole!

RIGOLETTE, même jeu.
Au présent qui vaut mieux!

GASTON.
Au serment qui s'envole!

RIGOLETTE.
A l'avenir joyeux!

REPRISE ENSEMBLE.
Ding! ding! Buvons encore!

RIGOLETTE.
Au Château des Fleurs; à Mabille!

GASTON.
A Cellarius! à Musard!

RIGOLETTE.
Au parc d'Enghein! à Romainville!

GASTON.
A Strauss, à Laborde, à Chicard!

RIGOLETTE

A nos amours, à leur histoire !
Aux souvenirs joyeux du cœur

GASTON.

Buvons, buvons à leur mémoire.

RIGOLETTE.

Et surtout à ceux du tailleur.

REPRISE DE L'ENSEMBLE.

Ding! ding! buvons encore.
Ding! ding! buvons toujours.

GASTON.

Ceci vous représente mon dernier déjeuner de garçon, ma dernière coupe de champagne d'homme libre, et le soleil couchant du célibataire.

RIGOLETTE, riant.

Ah! bah!...

GASTON.

Rigolette, ma chère, j'ai eu l'honneur de vous faire part de mon prochain hyménée... Oui, c'en est fait, je me marie !

RIGOLETTE.

Tarare! C'est le douzième dont monsieur le comte Gaston de Boiscivry me fait part... J'y crois pas.

GASTON.

Celui-ci est un vrai, un sérieux, par-devant M. le maire d'un arrondissement trop réel; c'est un véritable conjungo à grand orchestre, orné des grands parents, du suisse, du bedeau, et d'une fiancée en voile de point d'Angleterre, avec accompagnement de notaire et d'écus. Trois cents mille francs, de la candeur, peu de disposition pour le piano, un premier prix d'histoire et un accessit de géographie... Voilà pour le présent!... Des principes, de l'innocence et des ascendants malades... Voilà pour l'avenir !

RIGOLETTE.

Je bois à l'avenir !

GASTON.

Mon oncle, le marquis de Boiscivry, arrive aujourd'hui

même, pour conclure mon mariage avec sa fille, ma jolie cousine, et j'ai voulu dénouer gaiement les liens profanes, mais passagers, qui nous unissent... Comme Socrate, à sa dernière heure, je me suis entouré de mes plus doux souvenirs...

RIGOLETTE.

Avant d'avaler la ciguë matrimoniale!... (tendant son verre) je redemande de la ciguë... et à la santé de Socrate!

GASTON.

Aux sept sages de la Grèce! (Ils boivent.)

REPRISE DE L'ENSEMBLE.

Ding! ding! buvons encore.

(La porte s'ouvre, entre le marquis de Boiscivry.)

GASTON.

Mon oncle!

RIGOLETTE.

Les grands parents!

GASTON.

Quelle tuile!

RIGOLETTE.

Cheminée complète!

SCÈNE II.

Les Mêmes, LE MARQUIS.

TRIO.

GASTON.

Mon cher oncle!

RIGOLETTE, saluant.

Votre servante.

LE MARQUIS, à part.

Ah! que vois-je?... C'est une horreur!

GASTON.

La surprise est vraiment charmante.

RIGOLETTE.

Oh! oui, monsieur...

LE MARQUIS, à part.
Quelle impudeur!

ENSEMBLE.

GASTON, à part.
Quel air tragique!
C'est authentique :
L'instant critique
Vient d'arriver!
Ça se complique!
Rien ne m'indique
Un spécifique
Pour me sauver.

RIGOLETTE, à part.
Quel air tragique!
C'est authentique :
L'instant critique
Est arrivé.
Mais je me pique
D'être énergique...
Le spécifique,
Je l'ai trouvé!

LE MARQUIS, à part.
Oui, tout s'explique!
C'est authentique :
L'instant critique
Est arrivé...
Ah! tout l'indique,
C'est un cynique,
Un impudique,
Un réprouvé!

GASTON.
Mon oncle, croyez bien...

LE MARQUIS.
Laissez-moi : c'est infâme!

RIGOLETTE.
Mais, monsieur!

LE MARQUIS.
C'est trop fort!

GASTON.

    Mon oncle...

RIGOLETTE.

        Permettez!

LE MARQUIS.

Mais je n'ai pas l'honneur de connaître madame!

RIGOLETTE, à Gaston.

Eh bien, présentez-moi.

GASTON.

    C'est vrai! Je l'oubliais...

Mon cher oncle.

RIGOLETTE, saluant.

    Votre servante.

LE MARQUIS.

Ah! que vois-je? C'est une horreur.

GASTON.

Permettez que je vous présente...

RIGOLETTE.

Une parente...

LE MARQUIS.

    Quelle impudeur!

REPRISE DE L'ENSEMBLE.

GASTON, à part.

 Quel air tragique, etc.

RIGOLETTE, à part.

 Quel air tragique, etc.

LE MARQUIS.

Oui, tout s'explique!
C'est authentique :
L'instant critique
Est arrivé...
Mais, chose unique!
Moi, je m'explique
Ce qu'on critique...
Je l'ai rêvé!

(Ironiquement.) Je ne vous fais pas de reproches, monsieur...

GASTON.

Vous allez comprendre...

RIGOLETTE.

Rien de plus simple...

LE MARQUIS.

Comment donc! Il est tout simple qu'à votre âge, on considère la vie sous un point de vue qui n'est pas le nôtre. La jeunesse d'aujourd'hui comprend les choses de telle façon, qu'il nous serait bien difficile de les voir comme elle; et il est tout naturel que nous lui quittions la place et la laissions faire. (Il va pour sortir.)

RIGOLETTE, à part.

Style de première classe.

GASTON.

Mais permettez que je vous explique...

RIGOLETTE.

Il n'y a rien de plus facile à concevoir, et lorsque Socrate...

LE MARQUIS.

Ce qui ne l'est pas, mademoiselle, c'est la présence ici de certaines personnes qui ignorent sans doute qu'il est des apparences qui donnent le droit de tout supposer.

RIGOLETTE.

Apparences! supposer!... En voilà des métaphores!

GASTON, à part.

Ça se complique!

LE MARQUIS.

Et vous croyez que moi, marquis de Boiscivry, allié aux Montchevreuil par les hommes, et aux Cornikoff par les femmes, je consentirai jamais!... Ah! monsieur!... monsieur le comte! 93 a fait bien du mal à la France; 1830 l'a bien matérialisée, et 1848 l'a fort aplatie!...

GASTON.

Je n'ai jamais prétendu le contraire!

RIGOLETTE, à part.

On parle politique!... Je m'abstiens. (Elle se prépare à allumer un cigare. — Haut au marquis.) Donnez-vous donc la peine de vous asseoir.

LE MARQUIS.

Ah! cette femme fume! où sommes-nous? voilà le fruit des révolutions. Une femme qui fume le cigare, comme un garde-française!

RIGOLETTE.

Certainement qu'on fume des cigares.

COUPLETS.

> Vive le cigare!
> Vive le tabac!
> C'est, je le déclare,
> Bon pour l'estomac!

PREMIER COUPLET.

C'est bien prouvé : Partout on fume ;
Rien n'est plus clair; c'est bien certain :
Votr' cheminé', quand on l'allume
Et votr' bougi', quand on l'éteint...
Pour rendre son champ plus fertile
Le fermier fume avant d' semer
Allez-vous-en dans la Sicile...
Et vous verrez l'Etna fumer!

DEUXIÈME COUPLET.

Tout fume ici-bas ; c'est notoire :
Beaucoup mêm' fument sans tabac...
Je ne suis pas forte en histoire,
Mais je l'ai lu dans l'almanach :
A l'époqu' la plus reculée
Ce bel usage avait son cours,
Puisqu'après qu'Néron l'eut brûlée,
Rome fuma pendant quinz' jours!

> Vive le cigare!
> Vive le tabac!
> C'est, je le déclare,
> Bon pour l'estomac!

LE MARQUIS.

Où suis-je tombé, grand Dieu !... et la marquise qui est en bas dans la voiture.

GASTON.

Quoi! ma tante est là.

RIGOLETTE.

Ah! mon Dieu!... Laisser une femme aussi respectable à la porte! mais il faut aller la recevoir.

LE MARQUIS.

Gardez-vous en bien !... Elle ne vous pardonnerait jamais.

RIGOLETTE, à part.

Donc, lui, va pardonner!

GASTON.

Mon cher oncle, vous du moins, vous allez m'entendre, et je suis sûr que vous me trouverez moins coupable que je ne le semble.

RIGOLETTE.

Il n'y a rien de trompeur comme les apparences d'abord.

LA MARQUIS.

En effet... Je ne dis pas ; mais avoue qu'elles sont furieusement contre toi, les apparences... Je ne demande pas mieux que d'écouter tes raisons, mon cher ; mais il n'en est pas moins fort désobligeant d'arriver là... au beau milieu d'une... d'un... Enfin... c'est fort désobligeant!

RIGOLETTE.

D'un quoi !... Linge blanc, vaisselle plate, service Potel, joyeux convives... Eh bien, après! vous étiez tombé au beau milieu d'un déjeuner honnête, puisqu'il y a une femme en train d'exhumer Socrate... un sage qui vous attendait pour avaler son verre de ciguë, et voilà !

LE MARQUIS.

En effet, je suis loin de... oui... je ne dis pas... Mais enfin on ne s'attend pas à ces surprises-là, quand on habite un vieux château à soixante et onze lieues de la capitale et que...

RIGOLETTE.

Et monsieur le marquis arrive de soixante et onze lieues? deux cent quatre-vingt-quatre kilomètres !

LE MARQUIS.

A l'instant même, en effet.

RIGOLETTE.

Alors, M. votre oncle n'a pas déjeuné, Gaston?

LE MARQUIS, à part.

Gaston!... Elle l'appelle tout court! (Haut.) C'est qu'en effet, je n'ai rien pris depuis hier soir.

RIGOLETTE.

Ce qui prouve que vous pourriez être à jeun !

GASTON, à part.

A quoi songe-t-elle ! (Bas à Rigolette.) Vous voulez le retenir.

RIGOLETTE, bas.

Parbleu ! (Haut.) Monsieur le marquis, je prépare votre couvert.

LE MARQUIS.

Y pensez-vous?... Ça ne se peut pas ! (A part.) C'est que j'ai vraiment faim !

RIGOLETTE.

Pourquoi donc ?... Est-ce que ça vous empêchera de faire votre petit sermon?... A table, on gronde bien mieux, et rien ne se digère comme la morale, entre la poire et le fromage.

LE MARQUIS.

Oh! gronder... gronder !... Gaston sait bien que ce n'est pas mon usage.

RIGOLETTE, à part.

Ça m'a l'air d'une bonne pâte d'oncle. (Haut.) Allons, décidez-vous... et tenez, voici un fauteuil qui vous tend les bras, et un pâté qui vous ouvre son cœur.

LE MARQUIS.

Un pâté !... (A part.) Elle est drôlette la petite ! (Haut.) Mademoiselle, je vous dis...

GASTON.

Il reste encore de ce château-margaux ?

LE MARQUIS.

Du château-margaux ! (A part.) Juste, mon vin de prédilection !

GASTON.

Allons, cher oncle !

LE MARQUIS.

Malheureux ! que dirait ta tante ? (A part.) Le pâté a de la mine !

RIGOLETTE.

Est-ce qu'elle le saura ?... Ce n'est pas nous qui irons le lui dire : ici, monsieur, l'hospitalité se donne et ne se vante jamais !

GASTON.

Allons, à table !

LE MARQUIS.

Au fait... après tout... mais deux bouchées seulement, et un demi-doigt de vin.

RIGOLETTE.

Convenu ! (Ils se mettent à table.)

LE MARQUIS, mettant sa serviette.

Pourvu que la marquise n'arrive pas !

RIGOLETTE, à part.

A-t-il horreur des marquises, ce marquis-là. (On sert le marquis.)

TRIO.

RIGOLETTE.

Ce pâté-là, marquis, semble vous plaire.

LE MARQUIS, mangeant.

Il est parfait, il est parfait !

GASTON, lui versant à boire.

Tant mieux, cher oncle !... Un doigt de ce madère

RIGOLETTE.

Un peu de croûte, s'il vous plaît.

LE MARQUIS, à part, buvant.

Si la marquise me voyait !

RIGOLETTE.

Dans votre temps, vous en valiez un autre.

LE MARQUIS, buvant.

On le disait, on le disait !

GASTON.

Et ce temps-là valait au moins le nôtre !

RIGOLETTE, versant.

Un doigt de bordeaux, s'il vous plaît.

LE MARQUIS, à part, buvant.
Si la marquise me voyait.
GASTON.
Alors, vous étiez mousquetaire...
LE MARQUIS.
J'avais, mon cher, le diable au corps.
RIGOLETTE.
Moi, j'adore le militaire.
LE MARQUIS.
Il eût fallu me voir alors !
Je portais gaiment chapeau sur l'oreille
  Épée au côté,
  Collet argenté :
Auprès du beau sexe on faisait merveille
  Et tous les maris
  Jetaient les hauts cris ;
Mais nous étions prompts à les faire taire
  Et, mettions souvent
  La flamberge au vent ;
Nous percions le cœur de toute manière
  Soit en combattant,
  Soit en souriant.

ENSEMBLE.

LE MARQUIS.
Voilà le mousquetaire !
Temps d'ivresse et d'amour !
Nous savions battre et plaire
Et nous vainquions toujours !
RIGOLETTE ET GASTON.
Voilà le mousquetaire !
Temps d'ivresse et d'amour !
Vous saviez battre et plaire
Et vous vainquiez toujours.
RIGOLETTE, lui versant.
Goûtez, marquis, ce vin de la comète
LE MARQUIS, buvant.
Il est parfait ! il est parfait !

GASTON.

On a parlé de certaine soubrette?

RIGOLETTE.

Racontez-nous ça, s'il vous plaît.

LE MARQUIS, à part.

Si la marquise m'écoutait.

RIGOLETTE.

Je crois aussi que certaine baronne.

LE MARQUIS.

On le disait, on le disait.

GASTON.

On cite encor plus d'une autre personne.

RIGOLETTE.

Racontez-nous ça, s'il vous plaît.

LE MARQUIS.

Si la marquise m'entendait!

GASTON.

Alors, vous étiez mousquetaire?

LE MARQUIS.

J'avais, mon cher, le diable au corps!

RIGOLETTE.

Moi, j'adore le militaire!

LE MARQUIS.

Il eût fallu me voir alors!
Nous portions la poudre à la maréchale,
Nous jouions, mon cher,
Un vrai jeu d'enfer!
On se permettait un peu de scandale,
Et, si l'on criait,
On recommençait...
La cour et la ville étaient tributaires,
Et nous buvions sec
Sans craindre d'échec!...
Voilà ce qu'étaient les vrais mousquetaires,
Et c'était le temps
Où j'avais vingt ans.

ENSEMBLE.

LE MARQUIS.
Voilà le mousquetaire...
Temps d'ivresse et d'amours!
Nous savions battre et plaire
Et nous vainquions toujours!

RIGOLETTE ET GASTON.
Voilà le mousquetaire!
Temps d'ivresse et d'amours!
Vous saviez battre et plaire
Et vous vainquiez toujours.

GASTON.
Vous m'avez raconté l'histoire de certaine danseuse...

LE MARQUIS.
Veux-tu te taire! (Faisant le sévère.) Ah çà! au fait, tout ça ne m'explique pas ce qui se passe ici : il serait temps de te justifier.

RIGOLETTE.
Se justifier, de quoi?

LE MARQUIS, qui a beaucoup bu.
En effet, de quoi?... De quoi prétends-tu te justifier?... Est-il étonnant!

RIGOLETTE, lui versant.
Un doigt de chambertin, cher marquis!

LE MARQUIS, à part.
Son cher marquis!... Elle est drôlette la petite!... Si la marquise entrait!

RIGOLETTE.
D'autres vous diraient : votre neveu vient de passer sa thèse, et il a invité à dîner la grand'mère de son professeur; ou bien, M. Gaston organise une société de bienfaisance et il essaie les comestibles à domicile, avec la présidente de l'œuvre...

LE MARQUIS.
Ah! bah!...

RIGOLETTE, versant.
Château-margaux!... On conte ce genre de balivernes à

un imbécile, à un crétin d'oncle, comme on en a parfois sous la main; (elle lui tape sur l'épaule) mais à vous... à vous, glorieux débris d'un siècle galant et gracieux; à vous, type vivant des joyeux souvenirs de la régence... à vous, mousquetaire de Sa Majesté Henri IV ou Robert-le-Fort; à vous, qui comprenez le cœur humain en général, et le cœur de la jeunesse en sous-lieutenant, nous vous disons franchement et carrément : — Voici un jeune sage qui se marie demain; il a voulu dire adieu, adieu éternel aux folies du passé, et, pour mieux établir la sainteté de son serment, il a pris à témoin les compagnons fidèles de ses charmantes erreurs... Quoi de plus moral?

LE MARQUIS.

Parbleu!

RIGOLETTE.

Socrate mourant s'entourait de ses amis... moins son épouse. Aujourd'hui, quand un pécheur voit arriver sa dernière heure, il récapitule ses vieux péchés... C'est ce que fait Gaston. Il récapitule; il a voulu examiner toutes ses fautes. S'il les a réunies autour de sa table... c'est sa confession générale et... (lui versant) il attend votre absolution... Voilllà!

GASTON.

C'est exact!

LE MARQUIS, buvant.

Juste comme moi! (A part.) Qu'est-ce que je dis là!

RIGOLETTE.

Bravo, marquis! (versant.) Une larme de champagne.

LE MARQUIS, jetant sa serviette.

Ma foi! au fait, morbleu!... Est-ce que j'ai peur de la marquise, moi! Palsembleu! ventrebleu! A bas les marquises! Vive Socrate! Je suis Socrate!

COUPLET.

I

Socrate avait un bon principe :
C'était de vivre en vieux garçon;
Il fut embêté par Xantippe,
D'après ce que dit Xénophon...

Sa femme était vieille et têtue,
La mienne aussi... J'en suis d'accord..
Ah! qu'on me verse la ciguë,
Puisque Xantippe vit encor!
(Il boit.)

I.

Il faut que jeunesse se passe,
Et l'on n'a pas toujours vingt ans :
Après la rose vient la glace ;
Les fleurs et l'amour n'ont qu'un temps...
La vie est sitôt descendue,
Que s'arrêter est un grand tort.
(Il tend son verre.)
Ah! qu'on me verse la ciguë
Et que Socrate boive encor.

(Il boit.)

GASTON.
Voilà raisonner ! Bravo !
LE MARQUIS.
Les mauvais sujets font les meilleurs maris, corbleu
RIGOLETTE.
Je réponds que votre neveu fera le modèle des époux !
LE MARQUIS.
Et pourvu que l'honneur soit sauf!
GASTON.
Oh! quant à cela !
LE MARQUIS.
Et qu'on ne fasse pas de dettes, tête-bleue !
GASTON, à part.
Hein!... Et moi qui ai quatre lettres de change!
RIGOLETTE, bas à Gaston.
Je m'en charge.
LE MARQUIS.
Ça, je ne le pardonnerais pas, foi de gentilhomme, mor-
bleu !
RIGOLETTE.
Ni moi non plus!... Parce que les amourettes, ça passe ;

mais les dettes, ça reste... C'est comme les taches de rousseur !

LE MARQUIS.

Voilà des principes !

RIGOLETTE.

Et pour les fortifier, je vote pour que Gaston nous fasse du punch. (Bas à Gaston.) Laisse-nous seuls.

LE MARQUIS.

A la romaine !... Comme aux mousquetaires !

GASTON.

Je vais vous préparer cela moi-même.

RIGOLEETT.

Et moi, je garde la meilleure place : je tiens compagnie au cher marquis.

GASTON.

Je reviens dans cinq minutes. (Il sort.)

LE MARQUIS, à part.

A-t-elle des yeux limpides, cette petite !... Ça me rappelle mes printemps de Versailles et de Marly.

SCÈNE III.

RIGOLETTE, LE MARQUIS.

RIGOLETTE.

Eh bien, vrai, marquis ! votre genre me va : il est de fait, qu'en votre printemps, comme vous dites, vous deviez être un Lovelace d'un certain numéro.

LE MARQUIS.

Palsembleu ! très-chère... on valait ce qu'on valait... Et il n'eût pas fait bon se frotter à Hercule-Martial-Tancrède de Boiscivry !

RIGOLETTE.

Je vous crois sur parole.

LE MARQUIS.

Il me souvient, qu'un jour, comme en ce moment, on m'avait laissé seul avec les deux plus jolis yeux qui aient jamais lui sous paupières de femme ou de gazelle...

RIGOLETTE.

Allez, allez toujours... J'aime l'histoire ancienne. (A part.) Je te vois venir, vieux!

LE MARQUIS, s'approchant.

Vingt ans, teint de roses et de lis, lèvres de corail, cheveux d'ébène, dents de nacre, épaules d'ivoire, cou d'albâtre...

RIGOLETTE.

Ajoutez un peigne d'écaille... et ça fera une vraie pendule en marqueterie.

LE MARQUIS.

J'étais jeune, vif, fort entreprenant... J'entrepris... Et un baiser donné, puis repris à propos... (Il veut l'embrasser.)

RIGOLETTE, l'arrêtant.

Ah! mais une minute!...

LE MARQUIS.

Les minutes, cruelle, sont des siècles!

RIGOLETTE.

Ah! dame!... Écoutez donc... J'aime pas les hommes sévères...

LE MARQUIS.

Moi, sévère!... Ah! friponne, tu sais bien le contraire? (A part.) Tant pis! Je tutoie.

RIGOLETTE.

Vous ne comprenez pas les dettes... Vous ne feriez pas de folies pour la femme qui vous aimerait... Vous êtes un homme incomplet!

LE MARQUIS.

Mais j'ai passé ma jeunesse... et un peu mon âge mûr à signer des lettres de change, à rosser le guet et à dépister les huissiers... (S'approchant.) Ainsi donc, cara mia!...

RIGOLETTE, lui abandonnant sa main.

Vous m'en direz tant!

LE MARQUIS, baisant la main, à part.

Ah! c'est une conquête! Pourvu que la marquise...

RIGOLETTE.

Eh bien, j'ai confiance en vous, marquis... Oui, je sens que je vous aime assez pour vous ouvrir mon cœur!

8

LE MARQUIS.

Ouvrez, ouvrez, mon adorée! (A part.) Elle est à moi!

RIGOLETTE, à part.

Il est pincé! (Haut.) J'étais jeune, naïve et sans expérience : je rencontrai un homme que je pris pour un ami désintéressé...

LE MARQUIS.

Oh!... achevez...

RIGOLETTE.

Je n'oserai jamais.

LE MARQUIS.

Qu'arriva-t-il?

DUETTINO.

RIGOLETTE.

J'eus des malheurs ; j'étais forcée
De me créer des protecteurs.

LE MARQUIS.

Ah! je comprends votre pensée :
Les hommes sont tous des trompeurs!...

RIGOLETTE.

J'eus des malheurs!

LE MARQUIS.

Dites-moi tout, je vous en prie.

RIGOLETTE.

Marquis, voyez couler mes pleurs.

LE MARQUIS.

Ah! ventrebleu! je le parie,
Il abusa de vos terreurs.

RIGOLETTE.

J'eus des malheurs!

LE MARQUIS.

N'achevez pas : c'est un infâme!
Ah! rien n'égale mes fureurs.

RIGOLETTE.

Hélas!

LE MARQUIS.

De sorte que, chère âme,

Vous eûtes un moment... d'erreurs.
RIGOLETTE.
J'eus des malheurs!
LE MARQUIS.
Ah! si j'eusse été là!... Je lui eusse coupé les oreilles!
RIGOLETTE.
J'avais besoin d'argent, je signai... Et il a des titres, contre moi.
LE MARQUIS.
Un ami qui fait l'usure!
RIGOLETTE.
Il était de Francfort et s'appelait Isaac.
LE MARQUIS.
Et il s'agit de racheter ces titres? Je les aurai, à quelque prix que ce soit!... Et... à combien se montent... les... malheurs?
RIGOLETTE.
Sept mille cinq cents...
LE MARQUIS, à part.
Fichtre!
RIGOLETTE.
Plus les frais.
LE MARQUIS, à part.
Bigre!... (Haut.) Et... si j'arrangeais tout cela?...
RIGOLETTE.
Oh! alors, je vous laisse à traduire le langage de ma reconnaissance! Elle n'aurait pas de bornes.
LE MARQUIS, fouillant à sa poche.
De la reconnaissance! (Lui donnant un portefeuille.) Mais c'est moi seul qui en devrai, si vous voulez bien accepter ce petit souvenir qui contient huit billets de mille francs...
RIGOLETTE, prenant.
Je vous redois cinq cents francs; mais je n'ai pas de monnaie.
LE MARQUIS.
Ah! ma gratitude sera éternelle; et, s'il fallait le jurer à vos pieds!... (Il tombe à genoux; Gaston paraît, portant un bol de punch.)

SCÈNE IV.

Les Mêmes, GASTON.

FINALE.

GASTON, entrant.

Que vois-je?

LE MARQUIS, se relevant.

Mon neveu!

GASTON, posant le bol.

Quoi! pendant mon absence!...

RIGOLETTE.

En attendant le punch, il me parlait de vous.

LE MARQUIS.

ne faut pas, mon cher, juger sur l'apparence :
Nous causions.

RIGOLETTE.

Sous Louis quinze, on causait à genoux!...

ENSEMBLE.

LE MARQUIS, à part.
J'admire la ruse !
C'est vraiment charmant!
La belle m'excuse:
Ah! c'est ravissant!

RIGOLETTE, à part.
Il croit que je ruse :
C'est vraiment charmant!
Et lui qui s'excuse :
Ah! c'est ravissant!

GASTON, à part.
Je comprends la ruse :
C'est vraiment charmant!
Et lui qui s'excuse :
Ah! c'est ravissant!

RIGOLETTE.
Les hommes de la grande époque,
Comme elle, ont gardé leur splendeur :

Jamais vainement on n'invoque,
La voix qui vibre dans leur cœur.
LE MARQUIS, à part.
Que dit-elle?... je meurs de peur!
RIGOLETTE.
Gaston, quelques lettres de change
Troublaient, je crois, votre bonheur :
Et je dois dire, à sa louange,
Qu'il les acquitte, en grand seigneur!
LE MARQUIS, à part.
Elle le trompe sans pudeur!
GASTON.
Qu'entends-je?
LE MARQUIS.
Mon neveu...
GASTON.
Quoi! pendant mon absence!...
RIGOLETTE, lui remettant le portefeuille.
Voici huit mille francs qu'il me donnait pour vous.
LE MARQUIS.
Il ne faut pas, tu vois, juger sur l'apparence...
Je payais...
RIGOLETTE.
Sous Louis quinze, on payait à genoux!

REPRISE DE L'ENSEMBLE.
LE MARQUIS, à part.
J'admire la ruse!
C'est vraiment charmant!
La belle m'excuse :
Ah! c'est ravissant!
RIGOLETTE, à part.
Il croit que je ruse!
C'est vraiment charmant!
Et lui qui s'excuse :
Ah! c'est ravissant!
GASTON, à part.
Je comprends la ruse!
C'est vraiment charmant!

Et lui qui s'excuse :
Ah! c'est ravissant!

GASTON.
Eh quoi! cher oncle... Ah! comment reconnaître!
Jamais assez mon cœur ne vous paiera.

LE MARQUIS, à part.
Est-il naïf! Il croit vraiment cela.

RIGOLETTE.
Tombez, Gaston, aux pieds de votre maître :
Il vous rendrait des points à ce jeu-là.

LE MARQUIS, à part.
Si la marquise arrivait là!

GASTON, versant du punch.
Pour nous prouver qu'il n'est pas si barbare,
Il va trinquer au passé qui s'en va.

LE MARQUIS, à part.
Et qui, demain, près d'elle renaîtra!

RIGOLETTE, lui donnant un cigare.
Il va fumer ce superbe cigare,
Qu'au feu du mien, certes, il allumera.

LE MARQUIS, à part, il fume.
Si la marquise arrivait là !

(Ils fument et trinquent.)

ENSEMBLE DE LA PREMIÈRE SCÈNE.
Ding! ding! buvons encore!
Ding! ding! buvons toujours!
Buvons jusqu'à l'aurore,
A nos folles amours!

GASTON.
Au passé que j'immole!

LE MARQUIS.
Au présent qui vaut mieux!

GASTON.
Au serment qui s'envole!

RIGOLETTE.
A l'avenir joyeux!

REPRISE DE L'ENSEMBLE.
Ding! ding! buvons encore!
Ding! ding! buvons toujours!

Buvons jusqu'à l'aurore,
A nos folles amours!
RIGOLETTE.
Ah çà! qui des deux est Socrate?
GASTON.
C'est moi! parbleu!
LE MARQUIS.
Non pas! c'est moi!
RIGOLETTE.
Tenez, je ne suis pas ingrate :
Vous l'êtes tous les deux, ma foi...
L'un se marie...
LE MARQUIS.
Ah! je m'en flatte!...
Mais l'autre reste...
RIGOLETTE.
Eh bien, d'accord...
Socrate est mort... vive Socrate!
(Passant son bras à celui de Gaston.)
Oui mon Socrate vit encor!
LE MARQUIS, à part.
Il croit cela : c'est un peu fort!

REPRISE DU PREMIER ENSEMBLE.

LE MARQUIS, à part.
J'admire la ruse :
C'est vraiment charmant!
La belle m'excuse :
Ah! c'est ravissant!
RIGOLETTE, à part.
Il croit que je ruse!
C'est vraiment charmant!
Et lui qui s'excuse!
Ah! c'est ravissant!
GASTON, à part.
Je comprends la ruse!
C'est vraiment charmant
Et lui qui s'excuse,
Ah! c'est ravissant!
(Ils trinquent de nouveau.)

ENSEMBLE DE LA PREMIÈRE SCÈNE.

Ding! ding! buvons encore!
Ding! ding! buvons toujours!
Buvons jusqu'à l'aurore,
A nos folles amours!

FIN DE LA MORT DE SOCRATE.

www.ingramcontent.com/pod-product-compliance
Lightning Source LLC
Chambersburg PA
CBHW060454050426

42451CB00014B/3314